MAX LUCADO

Er flüstert deinen Namen

Ermutigung für den Alltag

Aus dem Englischen von Elke Wiemer

Richtet eure Gedanken
ganz auf die Dinge,
die wahr und achtenswert,
gerecht, rein und unanstößig sind
und allgemeine Zustimmung verdienen;
beschäftigt euch mit dem,
was vorbildlich ist
und zu Recht gelobt wird.

Philipper 4,8

Es ist mehr als nur der bekannte Silberstreif am Horizont; mehr als das Glas, das immer halbvoll ist. Es ist das Eingeständnis, dass unsichtbare Kräfte die Belange der Menschen zu unseren Gunsten beeinflussen und leiten. Wenn wir die Dinge so sehen, wie Gott möchte, dass wir sie sehen, dann können wir Gottes Hand auch inmitten von Krankheit noch entdecken … und den Heiligen Geist, wie er ein gebrochenes Herz tröstet. Wir sehen nicht das Sichtbare, sondern das Unsichtbare. Wir sehen durch die Brille unseres Glaubens, nicht mit den Augen, und weil der Glaube Hoffnung hervorbringt, sind gerade wir besonders mit Hoffnung erfüllt. Denn wir wissen, dass das Leben mehr ist als das, was man mit bloßem Auge sieht.

Macht euch um nichts Sorgen!

Wendet euch vielmehr in jeder Lage

mit *Bitten* und Flehen

und voll *Dankbarkeit* an Gott

und bringt eure Anliegen vor ihn.

Philipper 4,6

Schauen Sie nicht darauf, wie groß der Berg ist,

sondern sprechen Sie mit dem,

der den *Berg versetzen* kann.

Tragen Sie nicht die Last der Welt auf Ihren Schultern,

sondern sprechen Sie mit dem,

der das *Universum* in seinen Händen hält.

Hoffnung heißt, die *Blickrichtung* zu ändern.

Worauf schauen Sie?

Es ist eine der fesselndsten Geschichten der Bibel. Sie ist so faszinierend, dass Lukas sogar beschließt, sie in allen Einzelheiten zu erzählen (nachzulesen in Lukas 24,13–24).

Zwei Jünger gehen eine staubige Straße entlang. Sie sind unterwegs nach Emmaus und unterhalten sich über den gekreuzigten Jesus. Ihre Worte kommen langsam, schwerfällig, wie ihre traurigen Schritte.

„Ich kann kaum glauben, dass er nicht mehr da ist."

„Was sollen wir denn jetzt tun?"

„Das ist alles Petrus' Schuld. Wenn er nicht –"

In diesem Moment tritt ein Fremder von hinten an sie heran und sagt: „Entschuldigung, aber ich habe zufällig gehört, was ihr gesagt habt. Von wem sprecht ihr da?"

Sie bleiben stehen und drehen sich um. Andere Reisende weichen ihnen aus, während die drei schweigend dastehen. Schließlich fragt einer der beiden: „Wo bist du denn in den letzten Tagen gewesen? Hast du nichts von dieser Sache mit Jesus von Nazareth gehört?" Und dann erzählt er, was passiert ist.

Diese Geschichte fasziniert mich. Zwei Jünger berichten davon, dass gerade der letzte Nagel in Israels sprichwörtlichen Sarg geschlagen wurde. Gott hört inkognito geduldig zu und verbirgt seine von Nägeln durchbohrten Hände in seinem Gewand. Die Treue dieser beiden Jünger muss ihn tief berühren. Aber er muss auch etwas bekümmert sein. Er ist gerade buchstäblich durch die Hölle gegangen, um den Himmel auf die Erde zu holen, und die beiden machen sich Sorgen um die politische Lage Israels.

„Dabei hatten wir gehofft, dass er der von Gott versprochene Retter ist, der Israel befreit."

Dabei hatten wir gehofft … Wie oft haben Sie diesen Satz schon gehört?

„Wir hatten gehofft, der Arzt würde ihn entlassen und er könnte nach Hause kommen."

„Ich hatte gehofft, ich würde die Prüfung bestehen."

„Wir hatten gehofft, durch die OP könnte man den gesamten Tumor entfernen."

„Ich dachte, ich hätte den Job sicher."

Worte, in denen die Enttäuschung mitschwingt. Was wir uns gewünscht und erhofft haben, wurde nicht Realität, und was Realität wurde, das wollten wir nicht. Und was geschieht dann? Unsere Hoffnung ist zerstört. Das Fundament unserer Welt gerät ins Wanken.

Wir schleppen uns die Straße nach unserem Emmaus entlang, schlurfen mit den Sandalen durch den Staub und fragen uns, womit wir das verdient haben. „Was für ein Gott ist das, der mich so im Stich lässt?"

Unser Blick ist so tränenverschleiert und unsere Sicht so begrenzt, dass wir Gott selbst dann nicht erkennen würden, wenn er neben uns ginge.

Das Problem unserer beiden bedrückten Freunde war nicht etwa, dass ihnen der Glaube fehlte, sondern die Vision! Ihre Bitten beschränkten sich auf das, was sie sich vorstellen konnten – ein irdisches Reich. Hätte Gott ihre Gebete erhört und ihre Hoffnungen erfüllt, hätte der Sechstagekrieg schon rund 2 000 Jahre früher stattgefunden, und Jesus hätte die nächsten 40 Jahre damit verbracht, seine Apostel zu Regierungsmitgliedern auszubilden. Man muss sich schon fragen, ob Gottes größte Gnade nicht darin besteht, dass er manche unserer Gebete nicht erhört.

Wir unterscheiden uns nicht allzu sehr von diesen bedrückten Wanderern. Wir stehen im Schatten des Kreuzes und vergehen doch vor Selbstmitleid. Wir fragen ganz fromm nach seinem Willen und wagen es dann zu schmollen, wenn nicht alles nach Wunsch geht. Wenn wir an den himmlischen Leib denken würden, der uns erwartet, würden wir nicht mehr jammern, weil er unseren irdischen nicht heilt.

Unser Problem ist weniger, dass Gott uns nicht das gibt, was wir uns erhoffen, sondern vielmehr, dass wir nicht wissen, was wir uns erhoffen sollen.

Hoffnung ist nicht das, womit wir rechnen; es ist das, was wir uns niemals erträumen würden.

Hoffnung ist eine wilde, unglaubliche Geschichte mit einem Ende, bei dem wir uns zwicken werden, um sicher zu sein, dass wir nicht träumen. Wie bei Abraham, der seine Gleitsichtbrille zurechtrückt, damit er nicht seinen Enkel, sondern seinen Sohn sieht. Wie bei Mose, der nicht neben Aaron und Miriam im verheißenen Land steht, sondern neben Elia und Jesus in seiner ganzen Herrlichkeit. Wie bei Zacharias, der sieht, dass seine grauhaarige Elisabeth schwanger ist. Und wie bei den beiden Pilgern auf dem Weg nach Emmaus, die nach dem Stück Brot greifen, das ihnen angeboten wird, und erkennen, dass die Hände, die es ihnen reichen, von Nägeln durchbohrt sind.

Hoffnung ist nicht der erfüllte Wunsch oder die erfüllte Bitte. Nein, Hoffnung ist so viel mehr als das. Es ist die verrückte, unvorhersehbare Abhängigkeit von einem Gott, der es liebt, uns über alle Maßen zu überraschen und dann körperlich da zu sein, um unsere Reaktion zu sehen.

Unser Problem ist weniger,

dass Gott uns nicht das gibt,

was wir uns *erhoffen,*

sondern vielmehr,

dass wir *nicht wissen,*

was wir uns erhoffen sollen.

Wir leben in einer Welt voller Müll. Wir stolpern regelmäßig über irgendwelchen unerwünschten Abfall … Haben Sie nicht auch schon mal einen Sack voller Unglück und Kummer bekommen? Ganz bestimmt. Und was machen Sie damit?

Da gibt es verschiedene Möglichkeiten. Sie können ihn verstecken. Sie können versuchen, den Müll unter Ihrem Mantel oder Ihrem Rock zu verbergen, und so tun, als sei er nicht da. Aber Sie wissen genau, dass Sie den anderen nichts vormachen können. Außerdem wird der Müll mit der Zeit anfangen zu stinken. Sie könnten den Müllsack tarnen. Sie könnten ihn grün anstreichen, in den Vorgarten stellen und allen erzählen, es sei ein Baum. Aber das wird Ihnen niemand abnehmen und außerdem wird er schon bald entsetzlich stinken. Was werden Sie also damit tun? Wenn Sie dem Vorbild von Jesus folgen, werden Sie lernen, schwere Zeiten mit anderen Augen zu sehen. Denken Sie daran: Gott liebt Sie so, wie Sie sind, aber er wird Sie nicht so lassen, wie Sie sind. Er möchte, dass Ihr Herz mit Hoffnung erfüllt ist … so wie bei Jesus …

Hätten Sie nicht auch gern ein Herz, das mit Hoffnung erfüllt ist? Würden Sie die Welt nicht auch gern mit Jesu Augen sehen? Wo wir nicht erhörte Gebete sehen, sah Jesus erhörte Gebete. Wo wir Gottes Abwesenheit sehen, sah Jesus Gottes Plan. Ganz besonders, als Jesus festgenommen wurde und Petrus ihn verteidigen wollte: „… glaubst du nicht, dass ich meinen Vater um Hilfe bitten könnte und dass er mir sofort mehr als zwölf Legionen Engel zur Seite stellen würde?“ (Matthäus 26,53). Bei all den Schätzen, die Jesus in dem ganzen „Müll“ sah, ist das hier am wichtigsten: Er sah seinen Vater. Er sah die Gegenwart seines Vaters inmitten all der Probleme. Ein ganzes Heer von Engeln war in Sichtweite.

Klar, Max, aber Jesus war auch Gott. Er konnte das Unsichtbare sehen. Er hatte göttliche Augen und konnte das Übernatürliche sehen. Ich aber nicht.

Noch nicht, aber unterschätzen Sie Gottes Macht nicht. Er kann Ihre Sicht des Lebens verändern.

Darum ist es mein Wunsch,

dass Gott, die Quelle aller Hoffnung,

euch in eurem Glauben volle *Freude*

und vollen *Frieden* schenkt,

damit eure Hoffnung durch die *Kraft*

des Heiligen Geistes immer

unerschütterlicher wird.

Römer 15,13

Die Hoffnung des Himmels ist für unsere Welt das, was das Sonnenlicht für den Keller meiner Großmutter war. Ihr verdanke ich meine Vorliebe für eingelegte Pfirsiche. Sie machte sie selbst ein und lagerte sie in einem Keller neben ihrem Haus in Texas. Der Keller war tief und hatte eine hölzerne Treppe, Sperrholzplatten an den Wänden und roch muffig. Als Kind ging ich oft hinein und machte die Tür zu, um zu sehen, wie lange ich es in der Dunkelheit aushalten würde. Nicht der kleinste Lichtstrahl drang in dieses unterirdische Loch. Ich saß still da, lauschte meinem Atem und meinem Herzschlag, bis ich es nicht mehr aushielt, die Treppe hinaufrannte und die Tür aufstieß. Licht flutete in den Keller. Alles war plötzlich ganz anders! Nur wenige Augenblicke zuvor hatte ich nichts sehen können, und plötzlich sah ich alles.

Genauso wie das Licht in den Keller strömte, so strömt auch Gottes Hoffnung in unsere Welt. Auf die Kranken lässt er den Strahl der Heilung fallen. Den Trauernden gibt er das Versprechen des Wiedersehens. Den Sterbenden zündet er das Licht der Auferstehung an. Den Verwirrten bietet er die Weisheit der Bibel an.

Gott schenkt Hoffnung. Jedem Menschen. Also ist es egal, ob jemand dünner oder dicker ist, hellere oder dunklere Haut als Sie hat. Wozu Abschlüsse zählen und Lebensläufe vergleichen? Was macht es schon, wenn andere am Kopfende des Tisches sitzen? Sie haben einen Platz an Gottes Tisch. Und er füllt Ihren Becher, bis er überfließt …

Ihr Becher fließt vor Freude über. Er fließt vor Gnade über. Sollte Ihr Herz da nicht vor Dankbarkeit überfließen?

Das Herz eines Jungen tat es. Nicht sofort, wohl gemerkt. Zunächst war er voller Neid. Aber mit der Zeit war er voller Dankbarkeit.

Man erzählt sich, dass er mit seinem Vater in einem Tal am Fuße eines riesigen Dammes lebte. Der Vater arbeitete jeden Tag auf dem Berg hinter ihrem Haus und kam abends mit einem Schubkarren voller Erde zurück. „Schütte die Erde in die Säcke, mein Junge“, sagte der Vater dann, „und schichte sie vor dem Haus auf.“

Der Junge gehorchte zwar, aber er beklagte sich auch. Er hatte die Erde satt. Er hatte die Säcke satt. Warum bekam er von seinem Vater nicht das, was andere Jungen von ihren Vätern bekamen? Sie hatten

Spielsachen und Spiele; er bekam Erde. Als er sah, was die anderen bekamen, wurde er wütend. „Das ist nicht fair“, sagte er zu sich selbst.

Und als er seinen Vater sah, jammerte er herum: „Die haben Spaß, ich habe nur Erde.“

Der Vater legte seinen Arm um die Schultern des Jungen und sagte: „Vertraue mir, mein Junge. Ich tue, was für uns das Beste ist.“

Aber es fiel dem Jungen zunehmend schwerer, darauf zu vertrauen. Jeden Tag brachte der Vater seine Schubkarrenladung Erde mit und jeden Tag füllte der Junge die Säcke.

„Stapel sie, so hoch du kannst“, sagte der Vater und holte noch mehr Erde. Und so füllte der Junge die Säcke und schichtete sie auf. Er schichtete sie so hoch auf, dass er nicht mehr darüber schauen konnte.

„Du musst hart arbeiten“, sagte der Vater eines Tages. „Die Zeit wird knapp.“

Bei diesen Worten sah der Vater zum Himmel auf, der sich zunehmend verfinsterte. Der Junge starrte die Wolken an und wollte sich gerade bei seinem Vater erkundigen, was das zu bedeuten hatte,

als ein Donnerkrachen ertönte und der Himmel alle Schleusen öffnete. Es goss so heftig, dass der Junge seinen Vater kaum noch sehen konnte.

„Stapel weiter, Junge!“ Und während er das tat, hörte der Junge ein lautes Krachen.

Der Fluss überflutete den Damm und schoss auf das kleine Dorf zu. Im Handumdrehen schwemmte die Flutwelle alles weg, was sich ihr in den Weg stellte. Aber der Erdwall verschaffte dem Jungen und seinem Vater etwas Zeit.

„Schnell, mein Sohn, komm mit.“

Sie rannten zum Hang hinter ihrem Haus und in einen Tunnel hinein. Augenblicke später kamen sie auf der anderen Seite wieder heraus, kletterten den Hügel hinauf und kamen zu einer neu errichteten Hütte.

„Hier sind wir sicher“, sagte der Vater zu seinem Sohn.

Da erkannte der Junge, was sein Vater getan hatte: Er hatte einen Ausgang gegraben. Statt ihm das zu geben, was er wollte, hatte er dem Jungen das gegeben, was er brauchte. Er hatte ihm einen Ausweg gegeben und einen Ort, an dem er sicher war.

Hat unser Vater für uns nicht das Gleiche getan? Hat er uns nicht auch eine starke Mauer der Gnade gegeben, um uns zu beschützen? Einen sicheren Ausgang, um uns zu retten? Auf wen sollten wir da neidisch sein? Und was zählt es schon, ob jemand mehr hat als wir? Wir sollten nicht auf das schauen, was andere haben, sondern sollten uns lieber fragen, ob sie das haben, was wir haben. Wir sollten nicht neidisch auf sie sein, wir sollten uns darum bemühen, dass sie auch das bekommen, was wir bereits haben. Legen wir doch um Himmels willen die Waffen nieder und reichen einander den Becher. Es ist genug für alle da.

Eines ist gewiss: Wenn der letzte große Sturm kommt und wir sicher im Haus unseres Vaters sind, werden wir nicht das bedauern, was er uns nicht gegeben hat – wir werden überwältigt sein von dem, was er uns gegeben hat.

Eine *Hoffnung* bleibt mir noch,
an ihr halte ich trotz allem fest:
Die *Güte* des Herrn hat kein Ende.

Klagelieder 3,21–22

Gottes *Hoffnung* strömt in unsere Welt.
Auf die Kranken lässt er
den Strahl der *Heilung* fallen.
Den Trauernden gibt er das Versprechen
des *Wiedersehens.*

Jeremia war so deprimiert wie eine Giraffe mit einem steifen Nacken. Jerusalem wurde belagert, sein Volk wurde unterdrückt. Seine Welt war zusammengebrochen wie eine Sandburg bei einem Wirbelsturm. Er gab Gott die Schuld an seinem Gefühlszustand. Und er gab Gott die Schuld an seinem körperlichen Leid. „Er lässt meine Haut und mein Fleisch zerfallen und zerbricht mir alle meine Knochen" (Klagelieder 3,4; Gute Nachricht).

Sein Körper schmerzte. Sein Herz war krank. Sein Glaube war verkümmert … Aber dann merkte er, dass er in seinem Selbstmitleid regelrecht unterging, und beschloss, seine Blickrichtung zu ändern. „Ich will mich an etwas anderes erinnern, damit meine Hoffnung wiederkommt: Von Gottes Güte kommt es, dass wir noch leben. Sein Erbarmen ist noch nicht zu Ende, seine Liebe ist jeden Morgen neu und seine Treue unfassbar groß. Ich sage: Der Herr ist mein Ein und Alles; darum setze ich meine Hoffnung auf ihn" (Verse 21–24; Gute Nachricht).

„Ich will mich an etwas anderes erinnern …" In seiner depressiven Stimmung änderte Jeremia sein Denken und richtete seine Aufmerksamkeit auf etwas anderes. Er wandte den Blick ab von den Wogen und sah auf das Wunder Gottes. Rasch zitierte er fünf Verheißungen. (Ich kann mir vorstellen, wie er sie an seinen fünf Fingern abgezählt hat.)

1. „Von Gottes Güte kommt es, dass wir noch leben."
2. „Sein Erbarmen ist noch nicht zu Ende."
3. „Seine Liebe ist jeden Morgen neu."
4. „Seine Treue ist unfassbar groß."
5. „Der Herr ist mein Ein und Alles."

Der Sturm war noch nicht vorüber, aber die Zeit der Entmutigung schon.

Marta saß in einer nassen, wolkigen, tränenreichen Welt. Und Jesus setzte sich zu ihr. „Ich bin die Auferstehung und das Leben. Wer an mich glaubt, wird leben, auch wenn er stirbt“ (Johannes 11,25). Wenn Sie wollen, dürfen Sie sich diese Worte im Tonfall von Superman vorstellen. Clark Kent kommt aus dem Nichts, er reißt sich sein Hemd auf, die Knöpfe fliegen in alle Himmelsrichtungen davon, und er enthüllt das darunter liegende große S. „ICH BIN DIE AUFERSTEHUNG UND DAS LEBEN!!!“ Sehen Sie den Retter vor sich, der mit der Zärtlichkeit eines Terminators Martas und Marias Tränen kurzerhand beiseitewischt und damit ihnen und allen Trauernden zu verstehen gibt, dass sie Mut fassen und vertrauen sollen?

Ich sehe das nicht. Und zwar deshalb, weil ich sehe, was Jesus als Nächstes tut. Er weint. Er setzt sich zwischen Marta und Maria auf die Bank, legt seine Arme um sie und schluchzt. Ein Monsun der Trauer bricht los, eine Flutwelle von Tränen löst sich. Tränen, die das Aquarellbild eines unbekümmerten Christus zerfließen lassen. Jesus weint.

Er weint mit den beiden.

Er weint um die beiden.

Er weint mit Ihnen.

Er weint um Sie.

Er weint, damit wir wissen: Trauern bedeutet nicht Unglauben. Augen voller Tränen lassen nicht auf ein ungläubiges Herz schließen. Ein Mensch kann einen Friedhof mit der Gewissheit betreten, dass Jesus ein Leben nach dem Tod schenkt, und trotzdem einen Krater im Herzen tragen, so groß wie der, der von den Türmen des World Trade Centers zurückgelassen wurde. Bei Jesus war das so. Er weinte, und dabei wusste er, dass Lazarus innerhalb der nächsten zehn Minuten wieder lebendig vor ihm stehen würde.

Seine Tränen erlauben uns, selbst Tränen zu vergießen. Trauer bedeutet nicht, dass Sie ihm nicht vertrauen; sie bedeutet einfach, dass Sie den Gedanken an einen weiteren Tag ohne den Lazarus Ihres Lebens nicht mehr ertragen können. Wenn Jesus Liebe schenkt, dann versteht er auch die Tränen. Trauern Sie also, doch trauern Sie nicht wie diejenigen, die nicht wissen, wie die Geschichte ausgehen wird.

Meine Feinde behaupten:
„Gott wird ihn nicht retten."
Du aber, Herr, bist der Schild,
der mich schützt,
meine Ehre bist du allein.
Du selbst richtest mich
immer wieder auf.

Psalm 3,3–4

Carlos Andres Baisdon-Niño legte sich mit seinem Lieblingsbilderbuch ins Bett, einem Buch, das biblische Geschichten enthielt. Er fing vorn an und blätterte es bis hinten durch. Als er fertig war, warf er seiner Mama und seinem Papa, seinen drei Schwestern und dann, wie immer, seinem Papa Dios im Himmel eine Gute-Nacht-Kusshand zu. Er machte die Augen zu, schlief ein und wachte im Himmel wieder auf.

Carlos war drei Jahre alt.

Als Tim und Betsa, seine Eltern, sich mit mir trafen, um die Beerdigung zu planen, wollten sie, dass ich mir ein Video von Carlos ansah. „Du musst ihn unbedingt tanzen sehen", sagte Tim. Schon beim ersten Blick sah ich, warum. Was der kleine Carlos da zu einem lateinamerikanischen Rhythmus vollbrachte, ist mit Worten kaum zu beschreiben. Er schüttelte sich vom Scheitel bis zur Sohle. Seine Füße bewegten sich, seine Hände schnellten in die Luft, sein Kopf schwang hin und her. Man hatte das Gefühl, dass sein Puls nach dem Rhythmus seiner kolumbianischen Heimat schlug. Wir lachten alle drei. Und in diesem Gelächter war Carlos für einen Moment bei uns. Einen Augenblick lang gab es keine

Leukämie, keine Infusionen, Decken oder Chemotherapie. Es gab keinen Grabstein, der beschriftet, und kein Grab, das ausgehoben werden musste. Nur Carlos. Und Carlos tanzte.

Aber dann war das Video vorüber und mit ihm auch das Gelächter. Und seine Mutter und sein Vater folgten langsam weiter ihrem Weg durch das Tal der Todesschatten.

Gehen Sie auch gerade durch dieses Tal? Haben die Hände, die jetzt dieses Buch halten, auch das kalte Gesicht eines Freundes oder einer Freundin gehalten? Und haben die Augen, die jetzt diese Seite betrachten, auch das leblose Gesicht eines Ehemannes, einer Ehefrau oder eines Kindes angeschaut? Gehen Sie gerade durch ein finsteres Tal? Falls nicht, kommen Ihnen diese Gedanken vielleicht überflüssig vor. Dann blättern Sie einfach weiter – sie werden immer noch hier stehen, wenn Sie sie einmal brauchen.

Aber falls doch, dann wissen Sie, dass der schwarze Sack der Traurigkeit unglaublich schwer zu tragen ist.

Er ist schwer zu tragen, weil nicht jeder Ihre Trauer versteht. Zunächst schon. Bei der Beerdigung. Am offenen Grab. Aber jetzt nicht mehr; sie verstehen Sie nicht länger. Trauer verweilt aber.

So still wie eine Wolke, die sich zwischen Sie und die warme Nachmittagssonne schiebt, gleiten Erinnerungen zwischen Sie und die Freude und lassen Sie im kühlen Schatten stehen. Ohne Vorwarnung. Es war nur der Duft seines Rasierwassers oder eine Zeile aus ihrem Lieblingslied, und schon müssen Sie sich von Neuem verabschieden.

Warum geht die Traurigkeit nicht weg?

Weil Sie mehr begraben haben als nur einen Menschen. Sie haben ein Stück von sich selbst begraben. Ich glaube, es war John Donne, der gesagt hat: „Eines jeden Menschen Tod zehrt mich auf." Es ist, als lebe die Menschheit auf einem Trampolin. Alle spüren die Bewegungen des anderen. Und je enger eine Beziehung, desto spürbarer ist der Abgang. Wenn jemand stirbt, den Sie lieben, hat das Auswirkungen auf Sie …

Warum verweilt die Trauer? Weil es um mehr geht als nur um Erinnerungen – es geht um eine ungelebte Zukunft. Sie kämpfen nicht nur mit der Traurigkeit – Sie kämpfen mit Enttäuschung. Und mit der Wut.

Vielleicht zeigt sie sich oberflächlich. Vielleicht ist sie tief unter der Oberfläche verborgen. Vielleicht ist sie wie eine Flamme, vielleicht auch wie ein Schneidbrenner. Aber die Wut lebt im Haus der Trauer. Die Wut auf sich selbst. Die Wut auf das Leben. Die Wut auf die Armee oder das Krankenhaus oder die Autobahn. Aber vor allem ist es die Wut auf Gott. Sie nimmt die Form einer Frage an, die aus nur einem Wort besteht: Warum? Warum er? Warum sie? Warum jetzt? Warum wir?

Sie und ich wissen, dass ich diese Frage nicht beantworten kann. Nur Gott kennt den Grund für das, was geschieht. Aber ich verrate Ihnen eine Wahrheit, auf die wir uns immer verlassen können:

„Herr, deine Güte ist doch so groß. Gütig und aufrichtig ist der Herr" (Psalm 25,7–8).

„Erfahrt es selbst und seht mit eigenen Augen, dass der Herr gütig ist!" (Psalm 34,9).

Unser Gott ist ein guter Gott. Das muss unser Ausgangspunkt sein. Auch wenn wir sein Handeln nicht verstehen, können wir doch seiner Güte vertrauen.

Gott ist ein *guter Gott.*
Auch wenn wir sein Handeln
nicht verstehen,
können wir doch
seiner *Güte vertrauen.*

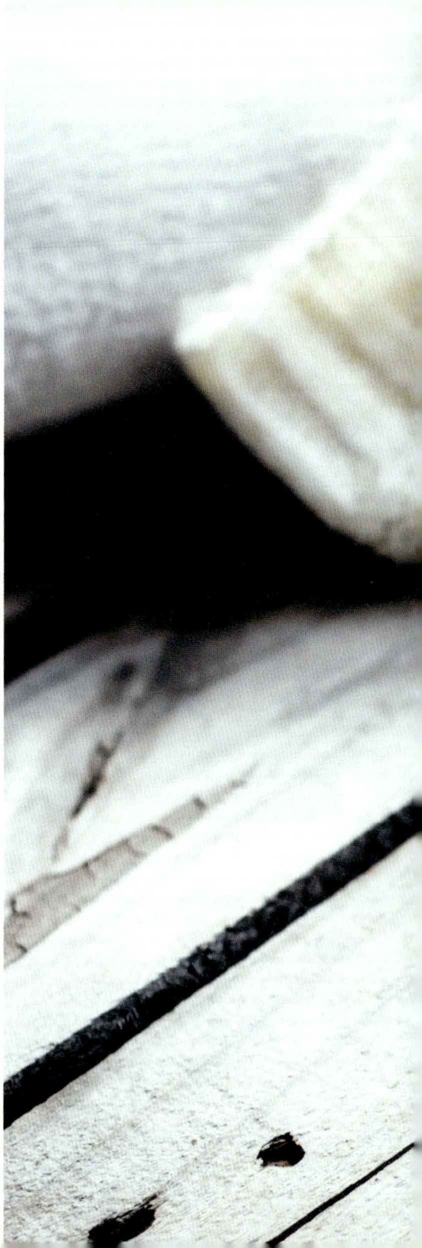

„Überraschung!“

Fügen Sie zu der Liste mit Trauer, Gefahr, Aufregung und Chaos noch das Wort Unterbrechung hinzu. Jesu Pläne werden unterbrochen. Wie er sich seinen Tag vorstellt und wie die Leute sich seinen Tag vorstellen, sind zwei Paar Stiefel. Jesus möchte eine Zeit der Stille mit seinem Vater verbringen, aber die Menschen lassen ihn einfach nicht in Ruhe. Was Jesus möchte und was Jesus bekommt, ist nicht das Gleiche.

Kommt Ihnen das bekannt vor?

Erinnern Sie sich noch daran, wie Sie schlafen wollten und Ihre kleine Tochter eine Kolik hatte? Erinnern Sie sich daran, wie Sie im Büro versucht haben, Liegengebliebenes aufzuarbeiten, und stattdessen hinterher noch mehr Arbeit hatten? Wissen Sie noch, wie Sie samstags Ihrem Hobby nachgehen wollten und stattdessen den Abfluss Ihres Nachbarn repariert haben?

Seien Sie getrost – Jesus ging es genauso.

Und jetzt wäre ein guter Augenblick, um innezuhalten und über den Kern dieser Botschaft nachzugrübeln …

Jesus weiß, wie Sie sich fühlen.

Denken Sie darüber nach, und halten Sie sich daran fest, wenn in Ihrem Leben das nächste Mal ganz unerwartet Chaos ausbricht.

Auch sein Puls raste. Er hatte schwere Augen. Er war bedrückt. Er war morgens mit Halsweh aufgestanden. Er war spät ins Bett gekommen und hatte früh aufstehen müssen. Er weiß, wie Sie sich fühlen.

Vielleicht fällt es Ihnen schwer, das zu glauben. Sie glauben wahrscheinlich, dass Jesus wusste, wie es ist, eine Tragödie zu erleben. Sie sind bestimmt überzeugt, dass Jesus Traurigkeit kannte und mit Angst zu kämpfen hatte. Die meisten Menschen glauben das. Aber kennt Gott auch die Widrigkeiten meines täglichen Lebens? Ihres täglichen Lebens?

Aus irgendeinem Grund fällt es uns schwerer, das zu glauben.

Vielleicht ist das der Grund, weshalb wir in allen vier Evangelien Berichte über jenen Tag finden (Matthäus 14,1–33, Markus 6,1–51, Lukas 9,1–27, Johannes 6,1–21). Mit Ausnahme der Kreuzigung gibt es kein anderes Ereignis, von dem in allen vier Evangelien berichtet wird. Weder von Jesu Taufe noch von seiner Versuchung, nicht einmal von seiner Geburt wird in allen berichtet. Aber alle vier Evangelisten halten diesen Tag fest. Als ob Matthäus, Markus, Lukas und Johannes gewusst hätten, dass Sie sich irgendwann einmal fragen würden, ob Gott Sie versteht. Und mit einer Stimme verkünden sie:

Jesus weiß genau, wie Sie sich fühlen.

Auch sein *Puls raste.*

Er hatte schwere Augen.

Er war *bedrückt.*

Er weiß,

wie Sie sich *fühlen.*

Aus dem tiefsten Inneren seines Wesens kam eine *Welle*

der Emotionen, die mehr sagte als tausend Worte.

Vor zwei Tagen las ich in der Bibel ein Wort, das sich seither in meinem Herzen eingenistet hat.

Um ehrlich zu sein, wusste ich nicht recht, was ich damit anfangen sollte. Es ist nur ein Wort und noch nicht einmal ein besonders langes. Als ich darüber stolperte (und genau das ist passiert: Ich überflog die Seite, und aus dem Nichts tauchte dieses Wort auf, über das ich stolperte wie über einen Bordstein), wusste ich nicht, was ich damit anfangen sollte. Ich hatte keinen passenden Haken, um es dranzuhängen, und keine passende Kategorie, in die ich es stecken konnte. Es war ein rätselhaftes Wort in einem rätselhaften Abschnitt der Bibel. Aber jetzt, 48 Stunden später, habe ich einen Platz dafür gefunden, einen Platz nur für dieses Wort. Was für ein Wort! Lesen Sie es nicht, wenn Sie nicht bereit sind, Ihre Meinung zu ändern, denn dieses kleine Wort kann Ihre geistliche Welt auf den Kopf stellen.

Schauen wir uns den Abschnitt zusammen an:

Jesus verließ die Gegend von Tyrus wieder und ging über Sidon an den See von Galiläa, mitten in das Zehnstädtegebiet. Dort wurde ein Mann zu ihm gebracht, der taub war und kaum reden konnte; man bat Jesus, ihm die Hand aufzulegen.

Jesus führte ihn beiseite, weg von der Menge. Er legte seine Finger in die Ohren des Mannes, berührte dann dessen Zunge mit Speichel, blickte zum Himmel auf, seufzte und sagte zu dem Mann: „Effatá!" (Das bedeutet: „Öffne dich!")

Im selben Augenblick öffneten sich seine Ohren, seine Zunge war gelöst, und er konnte normal reden.

Markus 7,31–35

Das ist mal ein Abschnitt, oder?

Vor Jesus stand plötzlich ein Mann, der taub war und dessen Sprachfähigkeit beeinträchtigt war. Vielleicht stotterte er. Vielleicht lispelte er. Vielleicht hatte er durch seine Taubheit nie gelernt, die Worte klar auszusprechen.

Jesus wollte nicht, dass der Mann sich noch unwohler fühlte, und nahm ihn beiseite. Er sah ihn an. Weil er wusste, dass Sprechen sinnlos war, erklärte er ihm mithilfe von Gesten, was er vorhatte. Er berührte die Zunge des Mannes mit Speichel, um ihm zu verstehen zu geben, dass er das, was ihn am Sprechen hinderte, wegnehmen würde. Er berührte seine Ohren, die zum ersten Mal hören sollten.

Aber noch bevor der Mann ein Wort sagen oder etwas hören konnte, tat Jesus etwas, das ich niemals erwartet hätte: Er seufzte.

Ich hätte mit einem Händeklatschen oder einem Lied oder einem Gebet gerechnet. Selbst ein „Halleluja!" oder eine kurze Belehrung wären angemessen gewesen. Aber der Sohn Gottes tat nichts von alledem. Stattdessen hielt er inne, blickte zum Himmel hinauf und seufzte. Aus dem tiefsten Inneren seines Wesens kam eine Welle der Emotionen, die mehr sagte als tausend Worte.

Seufzen. Das Wort schien so fehl am Platz.

Ich hatte mir Gott nie als jemanden vorgestellt, der seufzt. Ich hatte mir Gott als jemanden vorgestellt, der befiehlt. Ich hatte mir Gott als jemanden vorgestellt, der weint. Ich hatte mir Gott als jemanden vorgestellt, der den Toten befiehlt aufzustehen oder das Universum mit einem Wort erschafft … aber ein Gott, der seufzt?

Vielleicht hat dieser Satz meine Aufmerksamkeit erregt, weil ich oft seufze.

Ich habe gestern geseufzt, als ich eine Dame besuchte, deren pflegebedürftiger Mann so abgebaut hatte, dass er mich nicht mehr erkannte. Er dachte, ich wolle ihm etwas verkaufen.

Ich habe geseufzt, als ein spärlich bekleidetes sechsjähriges Mädchen mit schmutzigem Gesicht im Supermarkt um Kleingeld bat.

Ich habe heute geseufzt, als ich einem Mann zuhörte, der mir erzählte, dass seine Frau ihm nicht vergeben wolle.

Sie haben bestimmt auch schon oft geseufzt.

Wenn Sie Kinder im Teenageralter haben, haben Sie wahrscheinlich schon sehr oft geseufzt. Wenn Sie versucht haben, einer Versuchung zu widerstehen, haben Sie wahrscheinlich geseufzt. Wenn man Ihre Motive infrage gestellt oder Ihr liebevolles Handeln abgelehnt hat, dann mussten

Sie bestimmt schon tief Luft holen und mit einem tiefen Seufzer wieder ausatmen.

Mir ist klar, dass es ein erleichtertes Seufzen gibt, ein erwartungsvolles Seufzen und sogar ein freudiges Seufzen. Aber all das ist nicht das Seufzen, von dem im 7. Kapitel des Markus-Evangeliums die Rede ist. Der Seufzer, der hier beschrieben wird, ist eine Mischung aus Frust und Traurigkeit. Er liegt irgendwo zwischen Wutanfall und Tränenflut.

Der Apostel Paulus erwähnt solche Seufzer ebenfalls. Zweimal schrieb er, dass wir Christen seufzen werden, solange wir hier auf der Erde sind und uns nach dem Himmel sehnen. Die Schöpfung stöhnt, als hätte sie Geburtswehen. Sogar der Heilige Geist seufzt, wenn er unsere Gebete weitergibt (Römer 8,22–27).

All diese Seufzer haben den gleichen Ursprung: Sie gehen aus der Erkenntnis hervor, dass dieser Schmerz nie beabsichtigt war oder dass diese Hoffnung aufgeschoben wurde.

Der Mensch wurde nicht erschaffen, um von seinem Schöpfer getrennt zu sein, deshalb seufzt er und sehnt sich nach seinem Zuhause.

Die Schöpfung sollte nie vom Bösen bewohnt sein, daher seufzt sie und sehnt sich nach dem Paradies. Und Gespräche mit Gott hätten nie einen Übersetzer benötigen sollen, deshalb seufzt der Heilige Geist an unserer Stelle und wartet auf den Tag, an dem die Menschen Gott von Angesicht zu Angesicht sehen werden.

Und als Jesus diesem Menschen in die Augen sah, war Seufzen die einzig angemessene Reaktion. „Es hätte nie so sein sollen", sagte dieser Seufzer. „Deine Ohren wurden nicht dazu erschaffen, taub zu sein. Deine Zunge wurde nicht dazu erschaffen, sich zu verhaspeln." Die Unvollkommenheit all dieser Dinge ließ Jesus traurig werden.

Und so habe ich einen Platz für dieses Wort gefunden. Vielleicht finden Sie das seltsam, aber ich habe es direkt neben dem Wort Trost einsortiert, denn indirekt schenkt uns die Gewissheit, dass auch Gott Schmerz empfindet, Trost.

Gepriesen sei Gott,

der Vater unseres Herrn Jesus Christus!

In seinem großen Erbarmen

hat er uns durch die Auferstehung Jesu Christi

von den Toten ein neues Leben geschenkt.

Wir sind von neuem geboren und haben jetzt

eine sichere Hoffnung.

1. Petrus 1,3

Vielleicht erfahren Sie die Schreckensnachricht von einem Polizisten: „Es tut mir schrecklich leid. Es hat sich ein tödlicher Unfall ereignet."

Vielleicht rufen Sie eine gute Freundin zurück und erfahren: „Der Arzt hatte leider schlechte Nachrichten für mich."

Viele amerikanische Ehefrauen bekommen dieser Tage Besuch von einem düster dreinschauenden Soldaten, der ihnen die Botschaft überbringt: „Guten Tag, ich muss Ihnen leider eine traurige Mitteilung machen ..."

In solchen Momenten ist der Frühling schlagartig zu Ende und der Winter zieht ein. Der Himmel, der eben noch blau war, ist auf einmal eisgrau. Die Vögel verstummen und Trauer legt sich wie dicker Raureif über alles. Das finstere Tal ist ein eisiger Ort.

David erfährt die schreckliche Neuigkeit nicht von einem Polizeibeamten oder Soldaten oder durch den Anruf eines Freundes. Sie wird durch einen Amalekiter überbracht, der völlig außer Atem ist und mit zerrissenen Kleidern und Haaren voller Erde vor ihm steht. „Viele unserer Soldaten liegen gefallen oder schwer verwundet auf dem Schlachtfeld, und der Rest ist geflohen. Auch Saul und sein Sohn Jonatan sind tot“ (2. Samuel 1,4; Hoffnung für alle). David ist sich bewusst, dass zwischen Israel und den Philistern gerade ein Krieg tobt. Er weiß auch, dass Saul und Jonatan die Schlacht ihres Lebens durchzustehen haben, und er wartet fieberhaft auf Nachrichten. Als plötzlich ein Bote eintrifft und ihm die Krone und den Armreif Sauls bringt, kann kein Zweifel mehr bestehen: Saul und Jonatan sind tot.

Jonatan war ihm näher als ein Bruder. Er hatte ihm das Leben gerettet und ihm geschworen, seine Kinder zu schützen.

Saul war der Auserwählte Gottes. Der Gesalbte des Herrn. Ja, er hatte ihn gejagt und ihm das Leben schwergemacht, doch das änderte nichts an der Tatsache, dass er der Auserwählte Gottes war.

Tot! Gottes auserwählter König!

Tot! Davids bester Freund!

Doch David hatte es jetzt noch mit einem weiteren Riesen zu tun – dem Riesen der Trauer.

Jeder von uns hat sicherlich schon einmal erlebt, wie dessen eisige

Hand sich schwer auf unsere Schulter legt. Natürlich nicht in Ziklag, sondern in der Notaufnahme eines Krankenhauses, auf der Station einer Kinderklinik, bei einem Autounfall oder im Krieg. Wie David, so haben auch wir nur zwei Alternativen: die Flucht ergreifen oder dem Riesen mutig entgegentreten.

Viele ziehen es vor, die Flucht zu ergreifen. Captain Woodrow Call drängt den jungen Newt, genau das zu tun. Call und Newt nehmen in dem Film „Weg in die Wildnis" an einem Viehtrieb von Texas nach Montana teil. Als Newts bester Freund von giftigen Wasserschlangen gebissen wird und stirbt, erlebt er am eigenen Leib, wie im Wilden Westen Trauerarbeit aussieht. Zusammen mit anderen Cowboys stehen sie im Schatten einiger Ulmen am Lagerfeuer und Call meint: „Du musst einfach weitermachen, Junge. Nur so kann man mit dem Tod umgehen. Du musst einfach weitermachen, als ob nichts gewesen wäre."

Was soll man auch sonst tun? Im Angesicht des Todes werden wir mit einem solchen Schmerz konfrontiert und mit Fragen, auf die es einfach keine Antwort gibt, sodass wir am liebsten davonrennen möchten.

Einfach nicht darüber reden. Sich in die Arbeit stürzen. Zur Flasche greifen. Geschäftig sein. Nur nichts an sich herankommen lassen. Weiter nach Norden, in Richtung Montana ziehen und nicht zurückschauen.

Aber ein solches Verhalten hat seinen Preis. Trauer hat etwas mit Verlust zu tun. Verlust bedeutet, dass wir etwas verlieren. Wir werden beraubt. Tod bedeutet Verlust. Der Tod raubt uns Momente, die erst noch kommen sollten, Erinnerungen, die es nun nie geben wird: Geburtstage, Reisen, Einkaufsbummel, gemeinsame Stunden bei einer Tasse Tee. Wir trauern, weil uns etwas entrissen wurde. Was einst Normalität war, ist nun nicht mehr und wird nie mehr wiederkehren.

Wann immer sich in Ihnen der Gedanke regt, dass das Ungeheuer der Trauer sich verzogen haben könnte, läuft plötzlich ihr Lieblingslied im Radio, oder Sie riechen sein Rasierwasser oder kommen an einem Restaurant vorbei, in dem Sie oft zusammen waren. Wie aus dem Nichts taucht der Riese wieder auf.

Und wann immer der Riese sein Angesicht zeigt, regt sich die Angst: „Bin ich vielleicht der Nächste?“

Und es regen sich die Schuldgefühle: „Warum habe ich's ihm nur gesagt?" Oder aber: „Hätte ich es ihr doch gesagt!"

Missgunst regt sich. Wir sehen andere Paare und wünschen uns einen Partner an unserer Seite. Wir sehen Eltern mit ihren Kindern und wir wünschen uns unser Kind zurück.

Wenn der Riese sein Angesicht zeigt, raubt er uns den Schlaf, verdirbt uns den Appetit, macht uns vergesslich oder quält uns mit Selbstmordgedanken. Trauer ist keine Krankheit, aber sie fühlt sich manchmal ganz genauso an.

Vielleicht können Ihre Freunde es nicht nachempfinden.

Vielleicht können noch nicht einmal Sie selbst es wirklich nachempfinden. Doch bitte versuchen Sie es! Sehen Sie der Realität Ihres Verlustes ins Auge. Sie haben nicht einfach nur eine Partie „Mensch ärgere dich nicht" verloren oder Ihren Schlüsselbund verlegt. Sie können nicht einfach so weitermachen, als wäre nichts geschehen. Irgendwann – früher oder später – müssen auch Sie das tun, was David damals tat: Sie müssen Ihrer Trauer ins Gesicht sehen.

Wie David, so haben auch wir
nur zwei *Alternativen:*
die *Flucht* ergreifen oder
dem Riesen *ins Angesicht* schauen.

Warum nur bin ich so traurig?

Warum ist mein Herz so schwer?

Auf Gott will ich *hoffen,*

denn ich weiß:

Ich werde ihm wieder *danken.*

Er ist mein Gott,
er wird mir *beistehen!*

Psalm 43,5 (Hoffnung für alle)

Wir sagen, das Leben sei kurz, aber wer hat denn schon ein langes Leben, wenn wir die Ewigkeit im Blick haben? Jakobus richtete sich nicht nur an junge Menschen, als er schrieb: „Was ist schon euer Leben? Ein Dampfwölkchen seid ihr, das für eine kleine Weile zu sehen ist und dann wieder verschwindet“ (Jakobus 4,14).

In Gottes Plan ist jedes Leben lang genug und jeder Tod kommt zur rechten Zeit. Sie und ich mögen uns vielleicht ein längeres Leben wünschen, aber Gott weiß es besser.

Sie und ich – und das ist wichtig – mögen uns vielleicht wünschen, dass geliebte Menschen länger leben, aber die Betreffenden nicht. So seltsam das auch klingt, aber der Erste, der Gottes Zeitpunkt für den Tod akzeptiert, ist der Sterbende selbst.

Während wir ungläubig den Kopf schütteln, heben sie schon anbetend die Hände. Während wir trauernd am Grab stehen, stehen sie schon staunend im Himmel. Während wir an Gott zweifeln, loben sie ihn schon.

Leid macht geduldig,
Geduld aber vertieft
und festigt unseren Glauben,
und das wiederum stärkt
unsere Hoffnung.

Römer 5,3–4 (Hoffnung für alle)

Wir haben keine Ahnung, wie lange Jesus geweint hat. Ebenso wenig wissen wir, wie lange David geweint hat. Aber wir wissen, wie wenig Zeit wir uns im Allgemeinen dafür nehmen. Die Ägypter tragen sechs Monate lang schwarz. Manche Muslime tragen sogar ein ganzes Jahr lang Trauerkleidung. Orthodoxe Juden beten elf Monate lang jeden Tag für einen verstorbenen Elternteil … Und heute? Bin ich der Einzige, der sich des Eindrucks nicht erwehren kann, dass wir es zu eilig haben?

Trauer braucht Zeit. Nehmen Sie sich diese Zeit. „Der Weise geht dorthin, wo man trauert“ (Prediger 7,4; Hoffnung für alle). Für uns ist Klagen heutzutage vielleicht ein Fremdwort, doch zu biblischen Zeiten war dies nicht so. Siebzig Prozent der Psalmen sind Klagelieder. Warum enthält das Alte Testament wohl ein besonderes Buch mit dem Namen Klagelieder? Salomo, Sohn Davids, schrieb: „Kummer ist besser als Lachen, Trauer verändert den Menschen zum Guten“ (Prediger 7,3; Hoffnung für alle).

In den größten Tiefen der Trauer stellen wir uns den wichtigsten Fragen des Lebens: Wozu bin ich hier? Wo gehe ich hin?

Die Begegnung mit dem Tod konfrontiert uns mit unangenehmen und doch entscheidenden Fragen. David hielt sich in seinem Schmerz nicht zurück: „Ich bin erschöpft vom vielen Seufzen, die ganze Nacht hindurch fließen meine Tränen, mein Bett ist davon schon durchnässt" (Psalm 6,7).

Sind Sie wütend auf Gott? Sagen Sie es ihm. Haben Sie die Nase voll von ihm? Sprechen Sie das offen vor ihm aus. Haben Sie genug davon, so zu tun, als sei alles in Ordnung, obwohl in Wirklichkeit nichts in Ordnung ist? Seien Sie ehrlich …

David verordnete dem ganzen Land eine Zeit der Trauer. Er machte den Klagegesang zur offiziellen Staatsangelegenheit. Er hielt nichts davon, den Tod schönzureden oder unter den Teppich zu kehren. Er sah ihm ins Auge, bekämpfte ihn, forderte ihn heraus, aber er verleugnete ihn nicht. Sein Sohn Salomo schrieb später: „Alles hat seine Zeit … Klagen hat seine Zeit" (Prediger 3,1.4; Neues Leben).

Trauer braucht Zeit. Nehmen Sie sich diese Zeit.

Trauer braucht Zeit.

Nehmen Sie sich diese Zeit.

Der Herr hat *Freude*

an denen, die ihn ehren

und ihre *Hoffnung*

auf seine *Gnade* setzen.

Psalm 147,11 (Neues Leben)

In unserer *Hoffnung*

werden wir nicht enttäuscht.

Denn Gott hat uns den Heiligen Geist

gegeben und hat unser Herz durch ihn

mit der *Gewissheit* erfüllt,

dass er uns liebt.

Römer 5,5

Der Herr hat *Freude*

an denen, die ihn ehren

und ihre *Hoffnung*

auf seine *Gnade* setzen.

Psalm 147,11 (Neues Leben)

In unserer *Hoffnung*

werden wir nicht enttäuscht.

Denn Gott hat uns den Heiligen Geist

gegeben und hat unser Herz durch ihn

mit der *Gewissheit* erfüllt,

dass er uns liebt.

Römer 5,5

FSC
www.fsc.org
MIX
Papier aus verantwortungsvollen Quellen
FSC® C084279

Die Textauszüge wurden den folgenden Büchern von Max Lucado entnommen:
Der Retter von nebenan: 47–48
God Came Near: 15–19, 21, 69, 71–77
Great Day Every Day: 9
In the Eye of the Storm: 63–65, 67
Just like Jesus: 23–24
Leben ohne Angst: 43–44
Leichter durchs Leben: 12, 29–35, 40, 53–57, 59, 95–96
Wie man Riesen besiegt: 83–87, 91, 101–103, 107

Originally published in the U.S.A. under the title: Hope

Published by arrangement with Thomas Nelson, a division of HarperCollins Christian Publishing, Inc.
www.thomasnelson.com

1. Auflage 2018
Bestell-Nr. 817506
ISBN 978-3-95734-506-6

Umschlaggestaltung und Satz: Hanni Plato
Umschlagfoto: Getty Images, Dasha Slipchenko / EyeEm
Fotos (Innenteil): Shutterstock, Getty Images, Mauritius, Garden Collection
Druck und Verarbeitung: Print Consult GmbH, München

www.gerth.de